文字的奥妙

汉字飞行棋

角色旗子。剪下色子后，按线条折叠并用双面胶粘好。

物汉字描红；其次，在空白格内填写喜欢的汉字；最后，为飞行棋上的图片填上喜欢的颜色。

子点数向前移动角色旗子，角色旗子落定后玩家读出相应汉字，并组一个词。如果读错汉字，

骨文处，猜对是什么字前进两步，猜错则后退两步。最先到达终点的玩家获胜！

bì 璧玉

shēng 圣

hú 壶 喝壶茶休息一句吧！

A

jīn 巾

恭喜你捡到一块玉璧，如能再说出一个与"璧"有关的成语，奖励前往前两步。

图书在版编目（CIP）数据

文字的奥秘.第二辑,工巧器物 / 邝艳春编；李亚男绘.—南宁：广西人民出版社,2024.3（2024.10重印）

ISBN 978-7-219-11719-4

Ⅰ.①文…　Ⅱ.①邝…　②李…　Ⅲ.①汉字—少儿读物
Ⅳ.① H12-49

中国国家版本馆 CIP 数据核字（2024）第 008253 号

WENZI DE AOMI（DI-ER JI）· GONGQIAO QIWU

文字的奥秘（第二辑）·工巧器物

邝艳春　编

李亚男　绘

出 品 人　唐　勇

策划编辑　梁凤华

责任编辑　梁红燕

责任校对　周月华

装帧设计　王程媛

出版发行　广西人民出版社

社　　址　广西南宁市桂春路6号

邮　　编　530021

印　　刷　广西民族印刷包装集团有限公司

开　　本　787mm×1092mm　1/16

印　　张　10

字　　数　78千字

版　　次　2024年3月　第1版

印　　次　2024年10月　第2次印刷

书　　号　ISBN 978-7-219-11719-4

定　　价　38.00元

写在前面的话

汉字是世界上最古老的文字之一，它就像一位从历史的长河中向我们走来的长者，带着伟大的智慧和传奇的故事，吸引着我们对它一探究竟。

大概六千年前，我国的先民们在陶器上刻画了许多简单的符号，它们被认为是汉字的祖先。

在四千多年前，出现了早期的象形文字。在三千多年前的殷商时期，有了刻在龟甲、兽骨上的文字——甲骨文。然后，从商代末期开始，刻在铜器上的金文出现了。随着时代的发展，后来又出现了篆书、隶书、楷书等，并逐步形成了我们今天使用的汉字体系。

在所有的古文明中，只有中华文明得以传承下来，这和汉字有很大的关系。因为，汉字是几大古老文字中唯一不间断、一直沿用至今的文字，所以即使时隔几千年，我们依然能读懂古人撰写的典籍。

那么，你知道三千多年前，我们的祖先使用的汉字是什么样的吗？你知道汉字在传承的过程中发生了哪些变化吗？你知道每个汉字的背后都有哪些有趣的故事吗？在本书中，这些问题的答案将一一为你揭晓。

传承几千年的文明和统一的文字，是我们身为中国人的骄傲，因此，我们更应该学好中国文字。那么，就让我们一起走进汉字的世界，去探寻汉字的奥秘吧！

目录

生产工具

1

食饮炊具

玉器佩饰

刀枪剑戟

家居用品

生产工具

　　从原始社会的石锄到铁器时代的铁犁，生产工具一直在发生变化，好在我们有汉字这个"记录者"，汉字的字形悄悄地记录了古代生产工具的发展轨迹。让我们通过这些汉字，去了解先人们在制作生产工具上的智慧吧。

wǎng

网

古时用来捕鱼捉鸟的器具

| 甲骨文 | 金文 | 小篆 | 楷书 |

汉字我知道

　　网是古代非常重要的捕猎工具，是人们用绳索结成的捕鱼捉鸟的器具。甲骨文的"网"非常形象，它两边的竖线像插在地上的杆子，中间交错的图案像交织的绳索，整体像一张挂起来的网。

　　"网"的本义是用绳结成的用来捕鱼捉鸟的器具，如渔网。现在"网"常用的字义有两个：一是搜罗、收容，如网罗天下；二是关系像网一样纵横交错的组织或者系统，如法网、交通网络等。

你知道古代的渔网是用什么做的吗？距今八九千年前，人类就开始制作渔网捕鱼了，那时人们用树枝和猪齿、鹿角、石头等做成了最原始的捕鱼工具。

有了布和麻之后，古人用粗布和麻做原材料，通过捆卷的方法，制成渔网来捕鱼。虽然与现在的渔网相比，古人的这种渔网不够结实，但在当时，因为有了这种渔网，捕鱼的效率提高了不少。

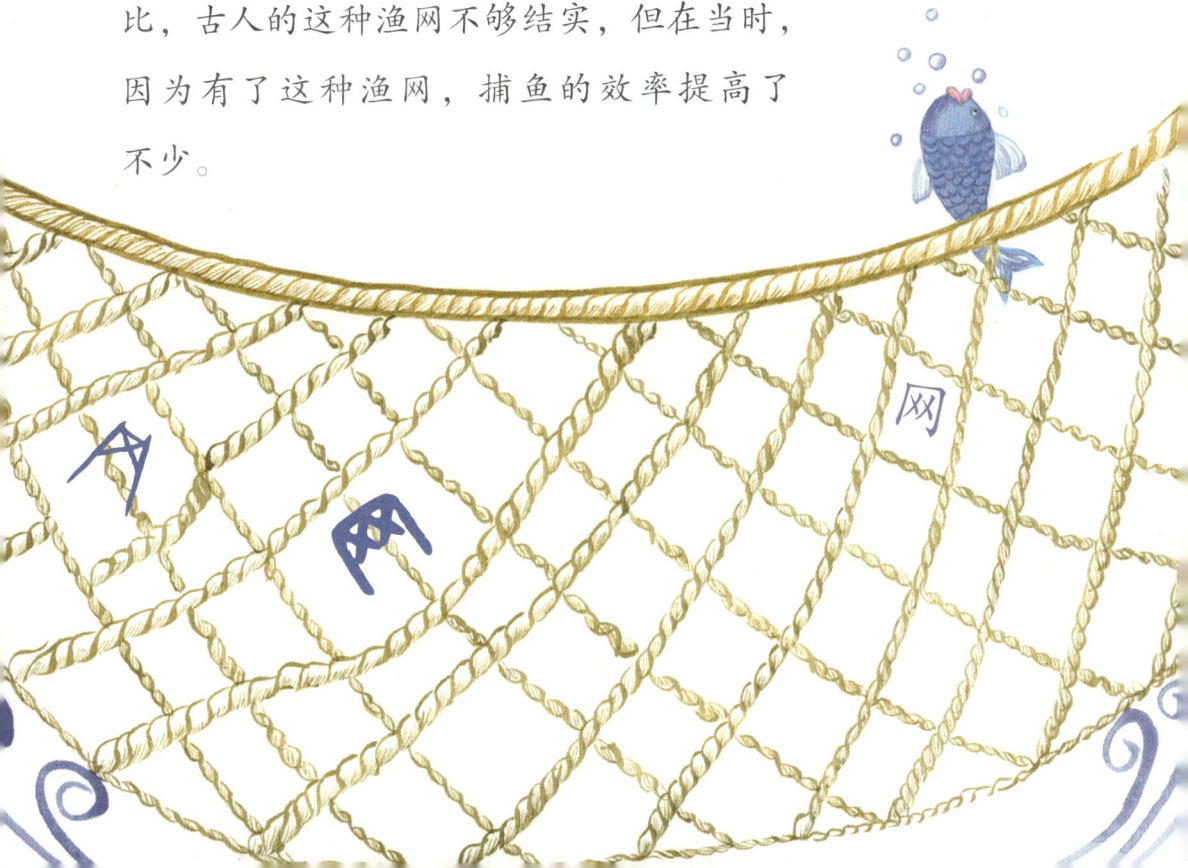

网开一面

成汤是商朝开国君主，他待人宽厚，好施仁德。成汤还在夏朝为臣时，有一天，他出游打猎，看见郊外四周都用网圈了起来，张网的人祈祷道："无论是从天上来的，还是从地下来的，总之从四面八方来的猎物都统统进入我的网中。"

成汤叹了一口气，说道："这样一来，岂不是把猎物都打光了吗？"于是，他让人把网撤去了三面，只保留一面，让张网的人祈祷道："想往左边走的就往左边走，想往右边逃的就往右边逃，剩下那些不听命令的猎物，就进入我的网吧。"

诸侯们得知这件事，都认为成汤非常仁德，都拥护他。成汤因得到了诸侯们的拥护和支持，推翻了残暴的夏桀的统治，建立了商朝。

这就是成语"网开一面"的由来。后多以"网开一面"比喻法令宽大，从宽处理。

luó

罗

瞧，鸟儿被网罩住了

甲骨文

金文

小篆

楷书

汉字我知道

　　古人食物匮乏，他们为了生存，造了一种专门用来捕鸟的网——"罗"。我们来仔细观察"罗"的甲骨文，像一只扑着翅膀的小鸟被张开的网罩住了。在金文中增加了"糸"，是不是很像丝线？说明这种网是用线编织而成的。

　　"罗"的本义是用来捕鸟的网，后来引申为搜寻，如网罗人才；也有包罗、囊括的意思，如包罗万象；还可以指丝织品，如绫罗绸缎。

在古代，为了拦截和捕获不同的动物，聪明的古人用绳索编织成各种各样的网具，如"网""罗"等。这两种网具是如何分工的？"网"主要是猎兽或捕鱼用的，"罗"则主要是捕鸟用的；"网"是放在地面上防止动物往来的，"罗"是从上面往下扣、防止小鸟展翅高飞的。成语"天罗地网"，就是指天空和地面所张设的罗网，比喻严密防范，使难以脱逃的安排、布置。

门可罗雀

汉黯和郑庄是汉景帝和汉武帝时的大臣，这两位大臣都曾声名显赫，位高权重，到他们家拜访的人络绎不绝，大家都以能与这两位大臣结交为荣。

汉黯为人耿直，在皇帝面前坚持说真话，从来不拍皇帝的马屁。郑庄为官十分清廉，处事公平公正，从来不偏袒谁。但是因为这两位大臣都太耿直，两人后来都被罢官了。他们被罢官后，再也没有人登门拜访，门前冷清得都可以张网捕麻雀了。

"门可罗雀"的成语由此而来。该成语用来形容门庭冷落，宾客稀少。

gōng

工

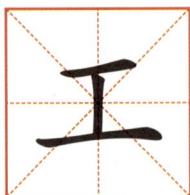

古代木匠必备的工作"神器"

古 工 工 工

甲骨文　　金文　　小篆　　楷书

汉字我知道

电工、木工、钳工、漆工、瓦工……各种各样的"工"，他们都有形形色色的工作"神器"，那你知道"工"的本义是什么吗？"工"的甲骨文，像是一把斧头，特别是金文"工"，下面的部分像是简化了的斧刃，因此"工"的本义是伐木工具。

现在"工"的本义已经不使用了，字义也发生了很大的变化，可指木匠或者一切有特长的人；也有精巧、精致的意思，如异曲同工；还可以指技巧，如唱工。

汉字的妙用

平时我们接触到的很多词语、成语都与工具有关，下面的这些小知识非常有意思，一起来了解一下吧。

日月如梭中的"梭"是织布时牵引经线与纬线交织的工具。

循规蹈矩中的"规、矩"分别是画圆形和画方形的工具。

笼络人心中的"笼、络"原指羁（jī）绊牲口的工具。

略胜一筹中的"筹"是古代用以计数的工具。

鬼斧神工

如形容技艺极其精巧，不像是人力所能达到的，我们经常会用"鬼斧神工"这个成语。这个成语是由寓言故事演化而来的。

鲁国有一个木匠叫庆，大家都叫他梓（zǐ）庆，他能制造各种各样精巧的木器。有一次，他用木头雕刻了一个鐻（jù，悬挂钟磬等乐器的架子的立柱），非常精美，人们赞不绝口，都感到非常惊奇——这么精美的器物不像是人工做出来的，好像是出自鬼神之手。

鲁国的国君问梓庆："你是用什么样的法术制作它的呢？"梓庆笑着说："我就是一个普通人，哪会什么法术啊！我在设计鐻的时候，全神贯注，心无杂念，然后再到山林中寻找合适的木材。制作鐻时，我专心致志，不受外界影响，就把它做出来了。"

jīn

斤

猜猜"斤"有几重身份

| 甲骨文 | 金文 | 小篆 | 楷书 |

汉字我知道

　　我们在买菜时，经常会问老板："这菜多少钱一斤？"这里的"斤"用作量词，那"斤"的本义是什么呢？甲骨文"斤"的字形，就像从侧面看的一个锛（bēn）子的样子。金文和小篆"斤"的字形就完全变了样子，看不出像锛子了。"斤"的本义是削平木料的工具。

　　由削平木料的工具引申为斧子，如刀斧。现在"斤"主要用作量词，是一个重量单位。

斤是我国民间传统的重量单位。现在，我们熟知一斤等于十两，但以前一斤并不等于十两，而等于十六两。秦始皇灭了六国后，明令统一度量衡，结束春秋战国时期各诸侯国度量衡混乱的局面，使长度、容积、重量都有了统一的标准。一斤十六两的标准，就是在当时制定的。此后的两千多年，尽管各朝代"斤"的重量有变化，但一斤十六两的规定一直没变。直到1929年，才开始推广一斤十两的新标准。

运斤成风

战国时，庄子送葬途中经过惠子的墓地，回头与随从讲了一个故事：

郢（yǐng）都有一个人在鼻尖上涂了如苍蝇翅膀般薄的白粉，他请一名叫匠石的石匠，帮他削掉白粉。匠石拿起斧头，呼的一声，就把白粉全部削掉了，而那个郢人的鼻子完好无损，他面色如常地站着。

宋国国君听说后，就将匠石请了过来，让他再表演一次。可匠石说："我的好友已去世，我失去了唯一的搭档，再也无法表演了。"

庄子讲完这个故事，叹了一口气，说道："自从惠子去世，我就没有对手了，也没有可和我论辩的人了。"

这就是成语"运斤成风"的由来。运斤成风指挥动斧头就有风的声音，比喻技术高超。

fǔ

既能砍伐又能杀敌的工具

甲骨文　　　金文　　　小篆　　　楷书

汉字我知道

　　古人常用斧头砍柴烧火做饭、伐木造房子。甲骨文"斧"，左边是"父"，表声；右边是"斤"，上面的部分看上去是横刃，下面的部分是曲柄，这就是古人砍伐树木的工具。

　　"斧"的本义是斧头，是古代十分常用的工具和兵器。"斧"用作动词时，表示用斧头砍，后来引申为修饰、修改、指导的意思，比如斧正。请人修改文章时，常说："请斧正。"

在几十万年以前，原始人类就已经使用斧子了，不过那时候使用的是石斧，非常粗糙，主要用于砍伐或作为武器。

到了商代，出现了铜斧。打仗的时候，士兵会用铜斧作为武器；国家举行重大典礼时，护卫会手持铜斧。

到了周朝，有了剑和刀，斧子就不再是主要的兵器了。人们主要把斧子作为一种劳动工具，比如用斧头劈柴。

疑邻盗斧

从前有一个人丢了一把斧子，就怀疑是被邻居家的儿子偷去了，从他走路的姿势、脸色表情，以及说话的声音和语调来看，一言一行，越看越像是偷斧子的人。

又过了几天，他在家中无意间找到了那把丢失的斧子。第二天，丢斧子的人又见到了邻居家的儿子，觉得他的言谈举止没有哪一点像是偷斧子的人。丢斧子的人喃喃自语地说道："多好的人啊！我怎么会怀疑他是小偷呢？"

成语"疑邻盗斧"指不注重事实根据，对人对事进行胡乱猜疑。

jiù

碓、捣、研，粮食、药材加工少不了

甲骨文　　　　金文　　　　小篆　　　　楷书

汉字我知道

　　传说，月宫里住着美丽的嫦娥，还有一只捣药的玉兔。著名诗人李白在《把酒问月》里写道："白兔捣药秋复春，嫦娥孤栖与谁邻？"这只玉兔捣药的工具就是"臼"。甲骨文和金文"臼"，很像舂米的农具——石臼。石臼中部向下凹陷，里面有沟槽，"臼"的造字是不是很形象呢？

　　"臼"的本义是指舂米用的石臼，后来泛指用来捣碎东西的容器，如药臼，也可以用来表示臼状的物体，如臼齿。

趣味小知识

在人类历史上，石臼是一种重要的生产工具，人们用它来砸、捣、磨药材和食材。小的石臼可以用来砸、捣、磨药材。大的石臼则用于舂米，上宽下窄，人们把它安在土里，只露出臼口，用木杵一上一下地来回撞击，给稻谷脱壳。

现在，逢年过节的时候，我们还能在一些农村看到有人用石臼来打年糕、舂糍粑。

臼杵之交

东汉时，有一个读书人叫公沙穆，他勤奋好学，有不少学者不远千里来到他隐居的地方拜访他。

由于公沙穆家里很贫穷，没有钱供他游学读书，因此他来到吴祐家里做舂米工人。吴祐是一名官员，家庭富裕。有一天，吴祐无意间遇到正在舂米的公沙穆，见他举止斯文有礼，不像做粗工的人，便上前和他攀谈起来。

在交谈中，吴祐发现公沙穆很有学问，对很多问题都有独到的见解，于是和公沙穆成了朋友。

后来，人们就用"臼杵之交"来比喻交朋友不计较对方的贫富和身份。

jī

箕

扬去米糠的工具

| 甲骨文 | 金文 | 小篆 | 楷书 |

汉字我知道

在我们熟知的愚公移山故事中，愚公是用什么工具把开山的泥土石块运走的呢？那时候还没有卡车、货车、拖拉机，用的是一种用藤条或竹篾编制而成的簸箕。甲骨文"箕"，就是人们根据簸箕的样子造出来的字形，你看，簸箕口朝上，中间交叉的线条就是藤条。

"箕"的本义是簸箕，也就是扬去米糠的工具，后来又引申为箕踞（伸开两腿坐着，形状如簸箕）、箕坐（叉开腿坐着）。

如果你看过电视剧《三国演义》，会发现剧中人们的坐姿和我们现在的坐姿不太一样。在三国两晋时期，人们在正式的场合，一般采用跪坐——双膝着地，臀部放在双脚的脚跟上。

如果臀部直接坐在席子上，双膝在身前屈起，足底着地，双手向后撑，或者是双膝平放，两条腿前伸分开，都是失礼的坐相，不宜出现在正式场合。

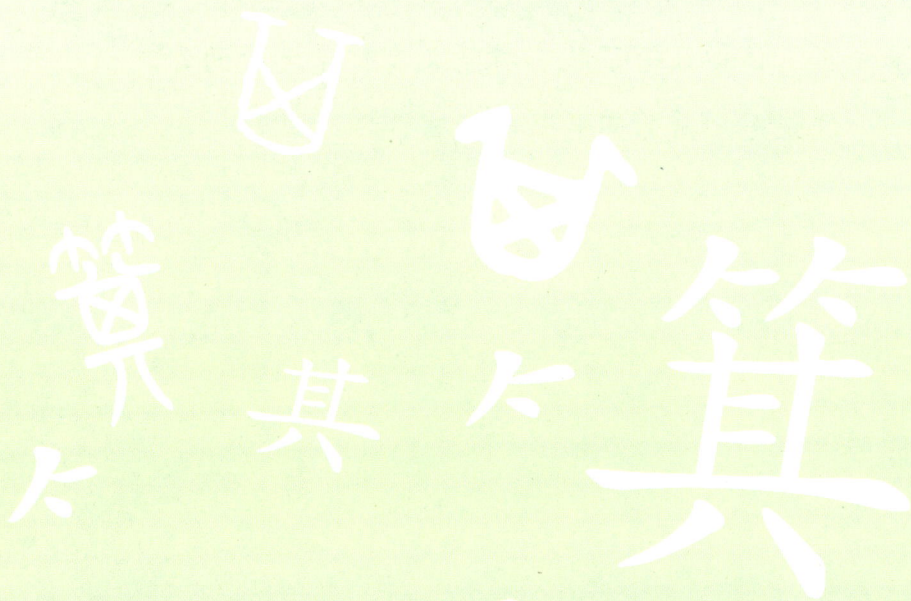

簸箕问鼎

尧是传说中父系氏族社会后期部落联盟领袖，因为他的几个儿子都不成器，他决定寻找有贤能的人来接替他的位置。

尧来到了洪洞历山，在路上遇到一个年轻人，这个人赶着一头黄牛和一头黑牛在耕田，在犁杖上挂着一个簸箕，时不时敲打一下。尧感到很奇怪，上前询问："你为什么要在犁杖上挂簸箕呢？"

年轻人回答说："牛耕田很辛苦，我不忍心鞭打它们，于是想了这个办法，这样牛听到簸箕声，都以为我在打对方，就会努力耕田了。"这个年轻人就是舜。后来尧将王位禅让给了既有智慧又有仁慈之心的舜。

这就是"簸箕问鼎"的故事。

仓

古代的仓和库为啥不一样

甲骨文	金文	小篆	楷书

汉字我知道

　　《西游记》中有个情节，一位妇人带着猪八戒参观她的"豪宅"时，说："这都是仓房、库房、碾房各房……"为什么仓房和库房是分开的？原来在古代，"仓"和"库"储藏功能是不一样的，装粮食的叫"仓"，装其他物品的才能称为"库"。甲骨文"仓"的上部像仓房的屋顶，中间是仓房的门，下面部分是仓房的基石，将这三部分合在一起表示仓房。

　　"仓"的本义是贮藏粮食的地方。现在"仓"泛指用来储藏物资的建筑。

你听说过"积谷防饥"这个成语吗？它的意思是说要把粮食存储起来，用来防备饥荒。

原始社会末期，人们会把多余的粮食储藏在窖穴里，窖穴就是专门储存粮食的场所。西汉的时候，"常平仓"出现了，这是我国历史上最早由国家为调度粮价而设置的粮仓。

守住敖仓

秦朝灭亡后，刘邦与项羽开始争霸，刘邦据守荥（xíng）阳、成皋（gāo）两地。在荥阳西北有一座小城敖仓，城内拥有很多储存着粮食的仓库，是当时最重要的粮仓。

由于遭到了项羽的猛烈攻击，形势危急，刘邦想放弃敖仓及成皋以东地方，于是他把想法告诉谋臣郦食其。郦食其说道："粮食是人民生存的根本，如果我们把如此重要的粮仓让给了敌人，这对我们是非常不利的。我建议您迅速组织兵力，坚守住敖仓，相信很快就会扭转当前的不利局势。"

刘邦听从了郦食其的建议，逐渐扭转局面，并取得了最终的胜利。

zhù

筑

盖房垒屋的好帮手

筑（金文）	筑（小篆）	筑（楷书）
金文	小篆	楷书

汉字我知道

　　古人建造房屋时往往就地取材，主要用泥土、木材建造。"筑"字生动地展现了古人建房的情景。"筑"原写作"築"。金文"筑"的中部看起来像个人拿着工具在夯土。

　　"筑"的本义是用来捣土的杵，由于杵能将土变得坚实，因此"筑"字后来引申为建造，如筑路、建筑房屋、浇筑等。

　　我国古代建筑非常了不起，现在我们在一些地方还可以看到数百年前的建筑。古人是怎么把瓦片、砖块等建筑材料牢固地结合在一起的呢？

　　答案就是用糯米。一千多年前，我国的建筑工人就会把糯米汤和砂浆混合，制造出高强度的"糯米砂浆"，它可以使建筑材料紧紧结合，让房屋变得更牢固结实。

债台高筑

战国时，周朝的最后一位天子周赧（nǎn）王，很不识时务，虽然周朝已经摇摇欲坠，但是他的野心却不小，想联合楚、燕等国一起攻打秦国。

打仗要花钱，可周赧王没有钱怎么办呢？于是，他就想了一个办法——向国内有钱的人借钱，承诺等打败了秦国，连本带息一起还。

结果还没有等到与秦军交战，周赧王就被吓得灰溜溜地带兵回了国，仗没开打，军费却花光了。那些借钱给周赧王的人纷纷来要债，聚在宫门前吵吵闹闹，把周赧王逼得躲在宫中的一座高台上不敢下来，人们把这座高台称作"讨债台"。

这就是成语"债台高筑"的由来。债台高筑用来形容欠下了许多债务。

食饮炊具

我国饮食文化源远流长，古人制作的炊具、餐具多种多样，你想知道古人是用什么炊具做饭、用什么餐具吃饭的吗？那些表示炊具和餐具的汉字会告诉我们意想不到的答案。

mǐn

皿

锅碗瓢盆、盏杯碟盘，全都是器皿

甲骨文	金文	小篆	楷书

汉字我知道

缸、盆、盘、碗、碟、杯等这一类用于盛放东西的日常用具，我们一般称为"器皿"。甲骨文"皿"的字形像一个器皿的形状。金文"皿"比甲骨文多了两侧的提耳。

"皿"字的本义是器皿，泛指碗碟杯盘之类的餐具。由"皿"组成的字一般与器皿有关，如"盆""盘""盂"等。

我们现在使用的餐具常见的是用陶瓷做成的，那么，古人使用的餐具是用什么材料做成的呢？

大概在一万年前，古人就开始使用陶器了。到了商周时期，青铜器诞生了。青铜器是金属材质的，比陶器更耐用。由于当时技术有限，青铜不容易获得，只有王公贵族才能使用青铜器皿，因此在当时青铜器皿成了一种身份的象征。

宥（yòu）坐之器

春秋时期，一天，孔子到鲁桓公的庙里参观，无意间看到一只倾斜的器皿，便好奇地问守庙的人："这是什么器皿？"

守庙的人回答说："这是君王放在座位右边用来警诫自己的器皿。"

孔子说："我听说这种器皿空着会倾斜，倒入一半水就会端正，但器皿灌满了水又会翻倒。"说完就让弟子们向器皿中倒水，果然和他说的一样。

孔子感叹地说道："器皿灌满了水，哪有不翻倒的呢？"

子路问道："那您有什么保持满而不倒的方法吗？"

孔子回答说："聪明和智慧，要用愚钝的方法来保持；即使有天大的功劳，也要用谦让来保持；勇气和力量，要用胆怯来保持；即使再富有，也要用节俭来保持。这就是保持盈满的方法。"

这就是成语"宥坐之器"的由来，它告诉我们自满会受到损害，只有谦虚才能得到益处。

dǒu

斗

用来舀酒的器具

| 甲骨文 | 金文 | 小篆 | 楷书 |

汉字我知道

你知道北斗卫星导航系统吗？它是我国自主研制的全球卫星导航系统，是全球四大定位系统之一。它的命名源于夜空中的北斗星。北斗星由七颗星星排成一个勺子的形状，所以聪明的古人就把它叫作"北斗星"。甲骨文、金文的"斗"，像是古时候一种盛酒的器具，用来舀酒。

"斗"的本义是盛酒的器具，后来引申为形状像斗一样的器物，如烟斗、漏斗。因为斗能够盛放东西，所以还引申为量具，如"吾不能为五斗米折腰"。

"斗"字有两个读音，除了前文讲的读"dǒu"外，还读"dòu"。读"dòu"时，甲骨文写成这样："𩰦"——从外形上看，像不像两个人在对打呢？

所以"斗"（dòu）的本义是搏斗，如"坐山观虎斗"。引申为竞争、比赛，如斗智斗勇。现在经过简化的"斗"字，已经完全看不出甲骨文字形的两个人在对打的样子了。

不为五斗米折腰

陶渊明是东晋著名的诗人，因看不惯政治的腐败，辞官隐居在家乡，被称为田园诗派的鼻祖。

陶渊明在做彭泽县的县令时，一名督邮来彭泽县视察。这个督邮平时仗着郡太守的宠信，为人十分傲慢。他一到彭泽县就要求陶渊明去拜见他。陶渊明穿着便服就要出门，被手下的人拦了下来。手下的人告诉陶渊明这个督邮不好惹，不穿官服去拜见他，他一定会向郡太守告状的。陶渊明说道："我宁可饿死，也不愿为了这五斗米的官俸，去向那种势利小人鞠躬作揖。"不久，陶渊明就辞官回家了。

"不为五斗米折腰"这个成语就源于这个历史故事。这个成语用来比喻为人高洁，有骨气，不为利禄折节。

shēng

升

用来计量谷物的量具

| 甲骨文 | 金文 | 小篆 | 楷书 |

汉字我知道

升温、升级、直升机等的"升"，表示由低往高移动的意思。"升"除了高升的意思，在古时候还是人们称量谷物的器具，容量是斗的十分之一。甲骨文"升"是由甲骨文"斗"发展而来的，"升"的甲骨文字形像斗中装有食物，且已经溢了出来。

"升"的本义是计量粮食的器具，引申为容量单位，如五升。现在常用的字义是上升、升起，如升旗、升官、升学等。

除了升，石（dàn）、斗、合（gě）都是过去人们常用的计量单位，用来计量米、麦等干散颗粒的体积。

石、斗、升、合之间的换算都是十进制。在四种计量单位中，最小的计量单位是合，最大的计量单位是石。一石等于十斗，一斗等于十升，一升等于十合。

一人得道，鸡犬升天

你知道"一人得道，鸡犬升天"这个成语吗？它比喻一人得势，跟他有关系的人也跟着沾光。关于这个成语，有一个非常有意思的典故。

刘安是汉朝的淮南王，他想生长不老，喜欢寻求仙丹灵药。有一天，他从仙翁那里得到了一张仙方。得到仙方后，刘安炼出了十颗仙丹。刘安十分高兴，一口气就吞下了五颗仙丹，没等他把剩余的仙丹吞进肚子里，他就成仙飞上天了。剩下的仙丹被刘安家中的鸡犬抢着吃掉了，这些鸡犬也跟着刘安一起上天成仙了。

这就是"一人得道，鸡犬升天"的由来。

dǐng

鼎

古人为什么对做饭的大锅感兴趣

甲骨文　　金文　　小篆　　楷书

汉字我知道

在古代，鼎可不是普通的做饭的物件，而是一件宝物。因为它是权力的象征，指的是王位或者国家政权。甲骨文"鼎"，看上去像一个上面有两个耳朵、中间有一个大肚子、下面有足的圆形的铜鼎。

"鼎"的本义是烹煮的炊具，如人声鼎沸。后来，鼎成为重要的青铜器之一，如"一言九鼎"一词就体现了鼎在古代的重要地位。此外，"鼎"还有显赫、盛大的意思，如大名鼎鼎。

从夏、商、周到秦、汉，鼎都是当时最具代表性的器物之一。最早的青铜鼎出现在夏代晚期，主要是圆鼎。

到了商朝中期，铸造技术提高了，出现了方鼎，鼎上出现了装饰的花纹，比之前的鼎漂亮多了。

西周是青铜鼎发展最兴盛的时期。清代出土的大盂鼎、大克鼎、毛公鼎和颂鼎等都是西周时期的著名青铜器。汉代是青铜鼎走向衰落的时期。

成语故事

一言九鼎

战国时，赵国的都城邯郸被秦军团团围住，平原君带毛遂等二十名门客到楚国求援。

到了楚国后，平原君与楚王谈了援助赵国的事情，但楚王没有理会。

这时毛遂站了出来，对楚王说："我们请您派援兵，您却不说话。您可别忘了，虽然楚国兵多地大，但却总是打败仗，连国都都丢了。依我看，楚国比赵国更需要联合起来，一起抵抗强大的秦国。"

楚王听后，立马决定出兵援赵。后来，平原君感慨地说道："毛先生一到楚国，就使赵国的威望高于九鼎和大吕。"

成语"一言九鼎"就由这个故事而来。一言九鼎形容一句话能起到重大作用。

wǎn

碗

碗最早并不只是用来吃饭的器具

锭   錵   碗

金文   小篆   楷书

汉字我知道

碗是常见的一种盛放食物的器皿，每天吃饭的时候我们都会和它愉快地相见。从演变过程来看，"碗"的变化还是很大的，金文"碗"的上边是"夗"，用来表示字音，下边是"金"，表示字义，意思是碗是用金属做成的。

最初的时候，碗不只是一种盛饭的器皿，也是一种量器，这种量器敞口而且很深。

趣味小知识

　　碗的起源可追溯到新石器时代，那时候的碗是用陶制成的，形状和我们现在用的碗差不多，都是口大底小，碗口宽、碗底窄。到了商代至春秋战国时期，出现了最早的瓷碗。后来人们的制瓷工艺水平提高了，分工越来越细，碗制作得越来越精巧，出现了饭碗、菜碗、茶碗等。

诸葛碗

诸葛碗是宋、明时期常见的一种碗式，它的碗底和碗心呈双层夹空。这种造型独特的碗，据说源于《三国演义》中的故事。

诸葛亮六出祁山，打算和司马懿（yì）决一胜负。司马懿屡遭败绩，闭门不战。诸葛亮让使者带书信并赠一些女性衣物给司马懿，想借此激怒司马懿出战。不料，司马懿读了诸葛亮的书信，接受了礼物，并没有生气，反而向使者详细地询问诸葛亮的饮食起居情况。当听说诸葛亮为处理公务早起晚睡、饭量很小时，司马懿说："吃得少而烦心事多，诸葛亮活不久了吧。"

当司马懿派人来刺探情报时，诸葛亮为了迷惑敌人，故意用双层碗进餐，表面上看是吃了一大碗饭，实际上仅上层有饭，从而打消司马懿对诸葛亮吃得少、活不久的猜度。后世称这种双层碗为诸葛碗，也俗称孔明碗。

dòu

豆

如果豆不是食物，那会是什么呢

甲骨文　　　金文　　　小篆　　　楷书

汉字我知道

今天，我们有豌豆黄、绿豆沙、红豆酥等各种美味食物。但古时候，有一种陶土或金属制成的"豆"是吃不了的，它是什么呢？甲骨文"豆"的字形像一只高脚盘的器皿，下面有高圈足，有像盘一样的"腹"，所以，"豆"的本义是一种盛放食物的器具。

由于"豆"是盛食物的器具，有一定的容积，所以古代的"豆"也是一种量器的名称。同时，因为"豆"是圆形器物，于是类似于圆形的粮食也被称为"豆"，"豆"逐渐演变为豆类植物的总称。

趣味小知识

　　我们经常会听到这样一句话："吃五谷杂粮有益健康。"那么，你知道"五谷"指的是哪五种谷物吗？

　　关于"五谷"所指的五种谷物，古代有多种说法，一般是指黍、稷、麦、菽、稻。黍是指黄米，因不好消化，现在基本上不作为主食了；稷是指各种颜色的小米；麦是指小麦、大麦、燕麦、荞麦等，最常吃的是小麦，将小麦磨成粉后可做成各种面食；菽就是指豆类；稻通常指水稻，稻粒脱壳后即我们常吃的大米。

煮豆燃萁

你会背曹植的《七步诗》吗？关于《七步诗》还有一段历史故事呢！

曹植和曹丕都是曹操的儿子，曹丕是哥哥，曹植是弟弟，曹植才华出众。曹操死后，曹丕当上了魏国的皇帝，可他嫉妒心很强，总担心他的弟弟曹植会抢夺他的皇位，于是，就想找借口害曹植。

一天，曹丕把曹植叫了过来，故意刁难曹植，让他在七步之内必须作出一首诗，来证明他才华出众，否则就是犯了欺君之罪，是要被处死的。

自己的哥哥这样对待自己，曹植既伤心又气愤，不过他还是在七步之内作了一首诗，并当众朗诵出来：

煮豆持作羹，漉菽以为汁。

萁在釜下燃，豆在釜中泣。

本自同根生，相煎何太急？

现在我们经常说的一个成语"煮豆燃萁"，就来源于这个故事。

hú

壶

盖尖、肚大、有底座的容器

| 甲骨文 | 金文 | 小篆 | 楷书 |

汉字我知道

古时候，人们日常生活离不开壶，用壶来盛放水、酒浆等液体。甲骨文"壶"像一只酒壶的样子，上面有一个盖子，中间有一个大大的肚子，下面有底座。

"壶"的本义是盛酒、盛茶的器皿，后来这个器皿就不只用来盛放茶和酒，还用来盛放其他液体。

　　壶是一种常见的使用广泛的器皿，在古代主要用于盛酒，通常由陶或者青铜制成。不同的时代，壶的形状是不同的。

　　商代的壶大多有盖和提梁；西周到春秋时期的壶多呈椭方形；到了战国时期，壶的形状就越来越多了，有方的，有圆的，有扁的，还有瓠（hù）形的，壶的用途也越来越多。

"玉壶"与"冰心"

唐代著名诗人王昌龄和辛渐是好朋友。王昌龄当时在江宁（今江苏南京）任职，辛渐打算从润州渡江，取道扬州，北上洛阳。王昌龄陪他从江宁到润州，然后在润州分别。分别时，王昌龄依依不舍地写了一首诗给辛渐：

> 寒雨连江夜入吴，平明送客楚山孤。
>
> 洛阳亲友如相问，一片冰心在玉壶。

这首诗就是后来被人传诵的《芙蓉楼送辛渐》。这首诗的意思是：在冷雨洒满江天的夜晚，我来到了吴地，早晨送走我的好友辛渐后，只留下楚山的孤影。到了洛阳，如果有亲朋好友向您打听我的情况，请您转告他们，我的心依然像装在玉壶里的冰一样纯洁。

最后一句话"一片冰心在玉壶"，用晶莹剔透的冰心和玉壶来比喻一个人的清廉正直。后来人们常用"玉壶"和"冰心"来指人的品德美好。

jué

象征着地位的酒器

甲骨文

金文

小篆

楷书

汉字我知道

古人为官，大都期待能加官晋爵，在仕途上能不断升迁。为什么古人把"官"与"爵"连在一起呢？那是因为在古代"爵"是一种十分精美的酒器，古代天子在分封诸侯时，常把它作为赏赐品。甲骨文"爵"很像一个有三足的酒器的形状。

"爵"的本义是古代的一种酒器，是用青铜制造的，盛行于商代和西周时期。在古代，使用爵的人通常都有较高的地位，所以"爵"引申为爵位、爵号。

趣味小知识

封爵制度在我国历史上存在了很长一段时间。爵位是古代帝王对其亲族或功臣授予的称号，爵位越高的人，社会地位就越高，权力也越大。

每个朝代的封爵制度是不同的，比如周朝时将爵位分为五等，唐太宗时期将爵位分为九等。辛亥革命后，封爵制度就被废除了。

酎（zhòu）金夺爵

西汉初期，诸侯王割据势力膨胀，这严重影响了中央王朝的统治。汉武帝刘彻即位后，为了加强中央集权，采取了一系列措施。他先是采用推恩之法，让诸侯王主动封其子弟为王子侯，并分封给他们领地。这样，从王国分割出一个个小小的由郡管辖的侯国，王国由大变小，就无法与中央抗衡。

公元前112年，为了进一步打击诸侯的割据势力，扩大中央的辖地，汉武帝借口列侯所献酎金（汉代诸侯献给朝廷供祭祀用的黄金）的分量和成色不足，夺了106个人的爵位。

从此，西汉诸侯王和天子地位的尊卑界线明显，诸侯王唯天子马首是瞻（zhān），失去了反抗的力量，西汉初以来的地方诸侯国威胁中央的问题得到彻底解决。

zǔ

俎

走下神坛的礼器

甲骨文	金文	小篆	楷书

汉字我知道

　　有个成语叫"越俎代庖"，指掌管祭祀神主的人越过自己的职守，放下祭器去代替厨子做饭。甲骨文"俎"外面类似房子的形状表示的是祭祀时盛放祭品的礼器，里面的形状表示的是礼器内的祭品。金文"俎"将祭品变成了"月"，指的是肉类祭品。小篆则将祭品放在了祭器的外面。

　　"俎"的本义是祭器，在古代祭祀或者宴请时使用，因为祭器多是盛放肉的，所以引申为切肉用的砧板。

古时候，在祭祀或者天子宴请群臣、贵宾时，常使用两种礼器——豆和俎。

春秋时期，卫灵公曾向孔子请教有关带兵打仗的一些事情，孔子回答说："俎豆之事，则尝闻之矣；军旅之事，未之学也。"这里的"俎豆"指的是祭祀时用的礼器，"俎豆之事"代指礼乐之制。孔子的意思是他只懂以礼治国上的事，不懂军事上的事。

人为刀俎，我为鱼肉

公元前207年，项羽在范增的建议下，在秦都城咸阳郊外的鸿门宴请刘邦，想趁机杀死刘邦。但刘邦的卑辞言和让项羽放弃了杀他的计划，范增在酒宴上多次给项羽发暗号，项羽均未理睬。范增让武将项庄舞剑为酒宴助兴，命令他借机杀掉刘邦。

刘邦的谋士张良看出其中有诈，就让樊哙保护好刘邦。刘邦见酒宴上杀机四伏，就找机会溜出军帐，樊哙紧随其后。刘邦觉得没有辞别就走了有些失礼，樊哙着急地说道："都什么时候了，如今人为刀俎，我为鱼肉，就不要讲礼节了。"

刘邦听从其建议，抄近路回到了自己的营地，转危为安。后来刘邦打败了项羽，建立了汉朝。

这就是成语"人为刀俎，我为鱼肉"的由来。该成语比喻别人掌握生杀大权，自己处于被宰割的地位。

玉器佩饰

你知道为什么与玉器有关的汉字，都有"王"字的身影吗？你知道古人喜欢佩戴哪些饰品来装扮自己吗？让我们一起来学习一些与玉器佩饰有关的汉字吧。

yù

玉

一根绳子串着几片玉石

甲骨文	金文	小篆	楷书

汉字我知道

　　约7000年前，河姆渡先民在选石制器过程中，有意识地把捡到的玉石制成装饰品，打扮自己。甲骨文"玉"就像一根绳子串着几片玉石。金文"玉"省去了上下的结绳，很像国王的"王"字。后来，"玉"的右侧有了一个点，这是为了与"王"字进行区分。

　　"玉"的本义是玉石，后来由"玉石"引申为精美的、珍贵的等字义，比如亭亭玉立、锦衣玉食。

汉字的妙用

在古人心中，"玉"是一个美好、高尚的字眼，古人常用玉来比喻和形容一切美好的人或者事物。比如：以玉喻人的词语有亭亭玉立、玉树临风、如花似玉等，以玉喻物的词语有琼楼玉宇、锦衣玉食、金科玉律等。还有用玉来比喻人的品格和气节，比如用"宁为玉碎，不为瓦全"来表达个人气节，用"化干戈为玉帛"来表达团结友爱等。

玉汝于成

　　张载是北宋的理学家，是理学的创始人之一。他年轻时喜欢研究兵法，范仲淹很欣赏他的才学，劝他说："读书人有自己的事业可做，何必非要谈兵法呢？"张载便专心致志做学问。后来张载中了进士，先后当过几任地方官，因他敢于直言，触犯了执政大臣，四十多岁就辞官回家。张载的收入低微，只能勉强维持生计，但他怡然自得，专心在家读书治学。随着张载的学问日益长进，远近许多青年学子纷纷前来向他拜师求学。有些学生家境贫寒，交不起学费，张载不仅没有收他们的学费，还给他们提供茶饭，和他们同甘共苦。

　　张载在一篇文章中说："贫贱忧戚，庸玉女（通汝）于成（贫穷卑贱和令人忧伤的客观条件，其实可以磨炼人的意志，帮助你成功）。"

　　这就是成语"玉汝于成"的由来。该成语指经过磨炼而有所成就。

bèi

贝

珍贵得可以作为货币的饰品

| 甲骨文 | 金文 | 小篆 | 楷书 |

汉字我知道

你喜欢在海边捡漂亮的贝壳吗？在古代，精美坚实、色彩缤纷的贝壳不仅被古人制成装饰品，也被用作货币。甲骨文和金文的"贝"，从外形上看都很像贝壳，到了小篆，就已经看不出贝壳的样子了。

"贝"的本义是指海里的贝类生物，但现在"贝"的本义已经不常用了，通常指贝壳。

早在约三万年前的旧石器时代晚期，人们就把贝壳串起来作为饰品。春秋战国时期，人们还把贝壳串成项链、制成腰饰等，甚至还将其制成马饰、车饰。此外，人们还把贝壳磨成薄片，再雕刻出图案，镶嵌在镜子、屏风、铜器上作为装饰。

两袖清风

明代的于谦是一位好官，他非常同情百姓的疾苦，为老百姓做了不少好事。明宣宗非常器重他，破格提拔他为河南、山西巡抚。

当时，宦官王振专权，各地的官员为了讨好王振，每逢朝会，都趁机向王振进献珠宝黄金。可于谦每次进京，什么礼品都不带。别人就劝他："即使不进献珠宝黄金，也应该带一些土特产啊！"于谦听后，笑着举起了两袖，幽默地说道："我只带有清风！"这话用来嘲笑那些阿谀奉承的官员。

这就是成语"两袖清风"的由来。现多用该成语比喻官员非常清廉。

bǎo

为什么珍贵稀少的东西要称为宝

甲骨文

金文

小篆

楷书

汉字我知道

"世上只有妈妈好，有妈的孩子像块宝……"你会唱这首歌吗？我们都是爸爸妈妈的宝贝。什么是宝？凡是稀少的、珍贵的东西就是宝物。甲骨文"宝"像屋子里珍藏着贝壳和美玉。

"宝"的本义是珍贵的东西、宝物，如国宝；后来也用作形容词，指珍贵的，如宝石、宝剑等。"宝"也用作敬辞，用于称对方的家眷、所住的地方等，如宝眷、宝地等。

文房四宝，即笔、墨、纸、砚。文房就是书房的意思。

笔指毛笔，是古人的书写、绘画工具，它和西方的羽毛笔截然不同；墨，是书写、绘画的色料；纸指宣纸，是供毛笔书画用的独特的手工纸，因其经久不腐，故有"纸寿千年"的美称；砚即砚台，是人们书写、绘画时用于研磨色料的工具。

无价之宝

战国时，魏国的一位农夫在田里劳作时挖出一块大玉石，并把玉石拿回了家。夜晚的时候，玉石闪闪发光，把屋子都照亮了。农夫以为这块玉石是不吉利的东西，连忙把它扔掉了。

后来，农夫的邻居捡到了玉石，并将玉石送给魏王。魏王找玉工来鉴定这块玉石，玉工对魏王说："大王，这块玉石的价值无法估量，用五座城池的代价也只能看一眼。"

这就是成语"无价之宝"的由来。这个成语原指无法以市价计算的宝贝，后来用来比喻极珍贵的东西。

bì

璧

象征身份、等级、地位的美玉

璧　　　璧　　　璧

金文　　　小篆　　　楷书

汉字我知道

　　玉璧是古代贵族所用的礼器，在不同时代和不同使用情况下，也可作为信物或装饰物。金文"璧"上面是"辟"，用来表示字音；下面是一个"玉"字，这里指玉器，用来表示字义。

　　"璧"的本义是古代的一种玉器——这种玉器呈圆形，中间有孔。后来泛指美玉，比如"白璧无瑕"中的"璧"就是美玉之意。

　　玉璧是我国古代非常重要的一种玉器，它的用途很多，大致可以分为以下几类：一为祭器，用来祭天、祭神、祭山、祭海、祭星、祭河等；二为礼器，用作身份的标志和象征；三为佩饰；四为君子交往的信物。

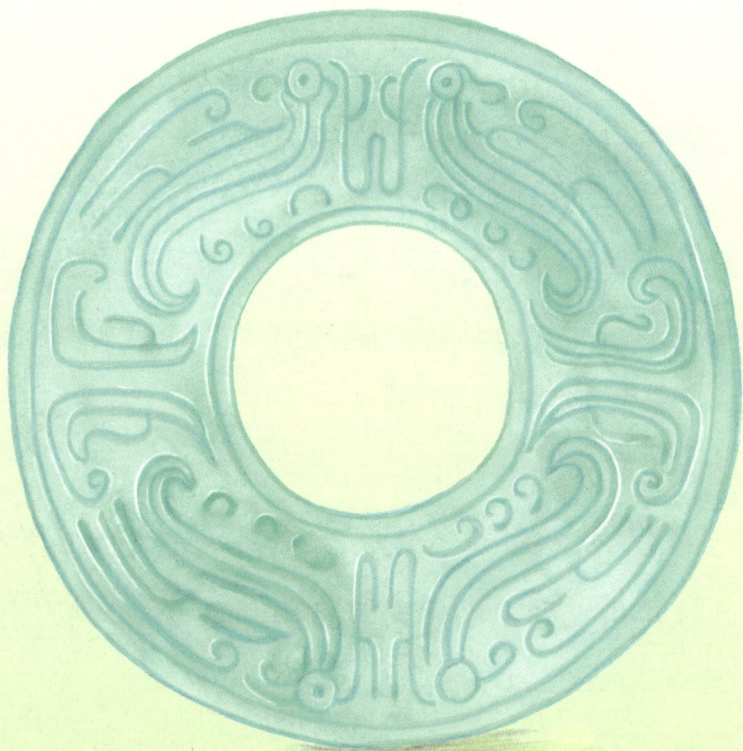

完璧归赵

战国时，赵王得到一块叫"和氏璧"的宝玉，秦王听说后，表示愿意拿十五座城来换和氏璧。赵王很为难，不知道该怎么办。蔺相如表示愿意带着和氏璧去见秦王，如秦王不守信用，他一定把和氏璧完整地带回来。

蔺相如把和氏璧献给了秦王，秦王欢喜得不得了，却不提割让十五座城的事。蔺相如便对秦王说："这块和氏璧虽好，但有一点小毛病，让我指给大王看。"

蔺相如拿过和氏璧，对秦王说："大王根本没有用城换璧的真心！现在宝玉在我手里，你若要过来抢，我情愿把脑袋和宝玉一块碰碎在柱子上！"

秦王连忙说自己会信守承诺，蔺相如表示要秦王斋戒五天，他才能把宝玉献上，秦王只得答应照办。蔺相如担心秦王失信，回到公馆后，他让人偷偷地把宝玉送回了赵国。

这就是成语"完璧归赵"的由来。该成语一般比喻把原物完好地归还本人。

huán

圆形、中间有大孔，用来佩戴的玉器

金文

小篆

楷书

汉字我知道

想一想，耳环、花环、铁环等物品在外形上都有什么共同特征？对，它们都是圆形的。金文"环"，从字形上看是一个圆形的中间有孔的玉器，后来越写越复杂。到小篆时，变成了左边一个"王"字加上一个"睘"，表示玉环。

"环"的本义是玉环，后来泛指圆形的东西，比如环形、耳环等。用作动词时，指环绕、围绕，比如环视、环顾。由"环绕"又引申为包围、四周、四处。

　　古时候，环一般用作佩饰，流行于新石器时代至明清时期。除了用作佩饰外，因"环"与"还"（读作huán）同音，古人还会把它当成一种信物，比如被放逐到边境的臣子，若是得到了天子赐送的环，就知道自己要重新被重用。

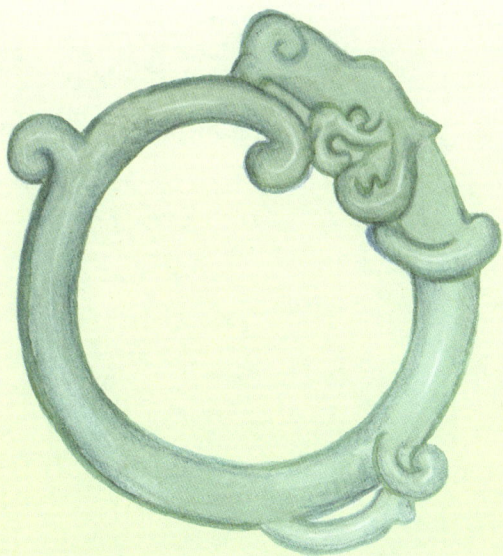

黄雀衔环

相传汉朝的时候，有一个读书人叫杨宝。有一天，他救了一只受了重伤的黄雀。三个多月后，伤好的黄雀悄悄地飞走了。

有一天晚上，一个黄衣童子出现在杨宝的家门口，童子从怀中掏出一对玉环递给杨宝，感谢杨宝的救命之恩，并祝他的子孙如这玉环般高洁，平步青云。

杨宝表示自己并不认识童子。童子说自己就是那只被杨宝救治的黄雀，说完便变成黄雀飞走了。后来，杨宝的儿子、孙子、重孙果真都当了大官。

这就是成语"黄雀衔环"的由来。该成语的意思是黄雀衔着玉环以报答恩人，指知恩图报。

zhēn

珍

贵重的珠玉等宝物

玠 珍 珍
金文 小篆 楷书

汉字我知道

　　珍珠以它的温润雅洁一向为人们所钟爱，被誉为珠宝"皇后"。相传我国珍珠采捕和利用的历史始于大禹时代，距今约有4000年。金文"珍"左边是"玉"，用来表示字义，指珍珠；右边是"㐱"，用来表示字的读音。

　　"珍"的本义是珠玉等宝物，现在"珍"的常用字义有宝贵的、稀有的，也有重视、珍爱的意思。

　　你知道珍珠是如何形成的吗？当异物钻进蛤、蚌坚硬的贝壳内时，蛤、蚌为了保护自己，会快速分泌珍珠质，将这个异物包住，时间久了，就形成了珍珠。后来，人们根据天然珍珠形成的原理，用人工进行珍珠培育。

隋侯之珠

传说西周时期有一个隋侯代表国家出使别国。一天，他在路上看到一条受伤的蛇在沙地里翻滚，看起来快要死了，他赶紧命人为蛇敷（fū）药。把蛇救活后，他把蛇带到有水草的地方放生了。一年以后的一个晚上，隋侯梦到蛇来报答他，送给他一颗夜明珠。他梦醒后一看，枕边果然有一颗硕大的夜明珠，照得满室通明。

pèi

佩

古人的衣带上都系有啥

金文　　　小篆　　　楷书

汉字我知道

　　衣带除了具有实用功能外，还具有很强的装饰功能，秦始皇陵兵马俑中就有腰系皮革衣带的士兵，这种皮革衣带往往以带钩相系结。金文"佩"的左边是"人"，右上部是"凡"，是一种器皿，右下部是"巾"，把这三部分合起来表示人佩戴的装饰品。

　　"佩"的本义是古时系在衣带上的装饰品。现在"佩"常用的字义是携带、佩带、钦佩、敬仰等。

古人衣带的装饰品有很多类型，带钩就是其中一种。带钩是古人束在腰间的皮带上的钩，战国至秦汉时期非常流行。带钩的材质多种多样，有青铜、黄金、白银、玉石等，比较受青睐的玉带钩一般呈"S"形，此外，还有圆形、竹节形、琴面形等。带钩由钩首、钩体和钩钮三部分组成，通常会在钩首上雕刻龙首、兽首、鸟首等图案。

救了齐桓公一命的带钩

春秋时期，齐襄公即位后，昏庸无能、凶狠残暴，他的弟弟公子纠和公子小白担心受到迫害，分别逃到了鲁国和莒（jǔ）国。后来，齐襄公被害，齐国大乱。

公子纠和公子小白得知了消息，都急忙赶回齐国想即位当国君。公子纠一边赶路，一边嘱咐他的辅臣管仲带领军队，在莒国通往齐国的路上伏击公子小白。管仲一箭射中公子小白，以为其身亡，便立刻赶回去告诉公子纠。

公子小白一死，就没有人和公子纠争夺王位了，于是公子纠等人放慢了脚步。可等他们回到齐国，却发现公子小白已经即位。这到底是怎么回事呢？原来管仲那一箭只射中了公子小白的带钩，公子小白趁机装死躲过了一劫，然后快马加鞭赶回了齐国。公子小白就是后来大名鼎鼎的齐桓公。

shì

饰

发髻上的华美饰品

金文　小篆　楷书

汉字我知道

在古代，爱美的人都喜欢佩戴耳环、项链、发簪做装饰。金文"饰"的左边是"食"，用来表示读音，右边是"夫"，即在人的头上加簪子，簪子是头饰，用来表示装饰。小篆"饰"的右边变成了上面是"人"，下面是"巾"。

"饰"的本义是装饰，现在我们常用的字义有饰品、伪装、掩饰等。

你听说过"玉搔头"这个词语吗？"玉搔头"指的是玉簪。簪是古代女子常见的一种首饰，主要是用来固定发髻的，也有装饰的作用。

传说汉武帝曾在宠妃李夫人那里用玉簪挠头皮，宫里的人看见了，便纷纷仿效，渐渐地用玉簪挠头皮就成了一种时尚，于是玉簪就有了"玉搔头"这个别称。

被簪子划成的天河

在晴朗的夜空中，横跨着一条又大又亮的白色星云带，人们把它称作银河，又叫天河。在牛郎织女的故事中，有讲到天河是如何形成的。

相传，有一个年轻人叫牛郎，他家境贫寒，为人勤劳、善良。他与下凡的织女一见钟情，并结为夫妇。王母娘娘寿辰当天，众仙都前来为她祝寿，唯独不见织女的身影，王母娘娘这才知道织女私自下凡了。她大为震怒，命天兵天将速将织女押回天庭。织女难以割舍牛郎及一双儿女，她抛下天梭，让牛郎拿着天梭，带着儿女追赶上来。眼看牛郎就要赶上织女，王母娘娘拔下簪子，在天空一划，便出现一条宽大的天河，将牛郎织女分隔开，两人隔河相望，不能相聚。后来，鹊王被他们坚定的爱情感动，在河上架起鹊桥，让他们每年七夕渡桥相会。

金石丝竹

　　远古时期，人们就开始搜集各种材质的物品来制作乐器了，就连动物的皮毛筋骨都是制作乐器的重要材料。所以，与乐器有关的汉字注注能从字形中看出它的材质，有些还能看出人们演奏时的样子，是不是很神奇呢？

yuè

乐

使人快乐的乐器

| 甲骨文 | 金文 | 小篆 | 楷书 |

汉字我知道

　　礼乐文明是我国古代文明的重要组成部分，统治者十分重视音乐的作用。他们认为，音乐具有直接打动人心、引导人们弃恶扬善的教育功能。甲骨文"乐"，上面是两股丝质的琴弦，指的是弦类的乐器，下面是"木"，代表的是放乐器的架子。

　　"乐"的本义是乐器，读作"yuè"。因为音乐能使人感到愉快，所以引申为快乐，读作"lè"。因为做自己喜欢的事情，也能让人感到快乐，所以又引申为对某事心甘情愿之意，比如乐善好施。

趣味小知识

你知道我国古代著名的乐师都有哪些吗？以下是代表人物：

俞伯牙：春秋时期的琴师。代表作品有《水仙操》《高山流水》。

师旷：春秋时期晋国乐师。双目失明，但他的听觉敏锐，擅长辨别音律。代表作品有《阳春》《白雪》《玄默》。

李延年：汉代宫廷音乐家。代表作品有根据张骞从西域带回的《摩诃兜勒》制作的二十八首横吹曲，作为当时仪仗使用的军乐。

嵇康：三国时期魏末文学家、思想家、音乐家，他擅长弹琴，以弹奏《广陵散》著称。

李隆基：我国第一位皇帝音乐家。擅长羯鼓和横笛，创作改编了《夜半乐》《小破阵乐》《霓裳羽衣曲》等。建立了唐代音乐机构教坊、梨园。

余音绕梁

形容音乐悦耳动听，常用"余音绕梁"这个成语。关于这个成语，有一个有趣的故事。

战国时期，韩国有一个叫韩娥的女子，她唱歌非常好听。有一年韩国发生了饥荒，韩娥只能去逃荒。她流浪到齐国的城门附近时，天快黑了，她又累又饿，为了能讨口饭吃，她强打精神唱起了歌，以歌换食物。

韩娥的歌声太美了，给人们留下了深刻的印象。她离开后，听过她的歌声的人还觉得那歌声久久萦绕在房梁上，几天都没有停歇，就像她还在那唱歌一样。

gǔ

流传千古的乐器之王

甲骨文

金文

小篆

楷书

汉字我知道

古时候，鼓常被人们用于祭祀、狩猎、战争中。现在每逢重要节日，很多人依然敲锣打鼓庆祝。甲骨文"鼓"的左边是手拿鼓槌的样子，右边就是早期鼓的样子，将这两部分合起来就是手拿鼓槌击鼓的样子。

"鼓"的本义是击鼓，用作名词时，指的是鼓这种乐器，如铜鼓；也有高起、凸出的意思，比如"他的口袋鼓鼓囊囊的"。"鼓"的引申义还有鼓动、振动的意思，如鼓舞。

鼓是我国传统的打击乐器，最早的鼓是用陶土做成的。因为鼓的声音雄壮有力，而且能传声很远，所以最早的时候，鼓主要用在战场上指挥士兵。

在古代，鼓的用途可多了，用于祭祀、演奏、驱赶野兽、指挥士兵、报时、报警等。周代的时候，专门设置了"鼓人"一职，来管理各种用途的鼓，比如祭祀用的雷鼓、灵鼓，还有军队用的战鼓，等等。

大张旗鼓

隋朝时，李世民曾为隋炀帝效力。有一天，突厥入侵，将隋炀帝围困在雁门关。李世民献计说："突厥兵的人数要比我们多，如果我们硬碰硬，肯定会吃亏，沿路将隋军的旗帜插上，晚上大鸣金鼓，说不定能让敌人闻风而逃。"

隋军按照李世民提供的方法行事，突厥误以为隋炀帝的救兵来了，赶紧撤离。就这样，隋军没用一兵一卒就取得了胜利。

这就是成语"大张旗鼓"的由来。该成语用来比喻声势和规模大。

fǒu

缶

北京奥运会开幕式上的"缶"大有来头

甲骨文	金文	小篆	楷书

汉字我知道

缸、罐、罂（yīng）等字都有相同的部首——缶，表示这些器物的材质都与"缶"有关。甲骨文"缶"的上部是一个器皿的盖，下面是一个盛放酒浆的瓦器。

"缶"的本义是盛酒浆的瓦器。古人在制作瓦器的时候，常常一边拍打一边唱歌，所以，"缶"演变成了瓦质的打击乐器。2008年北京奥运会开幕的时候，千人击缶的表演，气势恢宏，给人留下了深刻的印象。

　　夏商时期，民间就有了击缶的演奏形式。至先秦时期，缶已成为较为流行且通俗的乐器。《史记·李斯列传》记载："夫击瓮叩缶，弹筝搏髀（bì），而歌呼呜呜快耳者，真秦之声也。"描述了秦人饮酒正酣时，击瓦缶、拍大腿打出节拍歌唱的情景。明代有一幅《击缶图》（珍藏于故宫博物院），描绘了村民在农闲时击缶娱乐的场景，画中一人击缶，一人起舞，男女老少多人围观。由此可见，在明代，击缶依然是乡间民众的娱乐方式之一。

击缶而歌

你听说过"击缶而歌"这个典故吗？

战国时，秦王派使者约赵王在渑（miǎn）池相会，名义上是为了促进两国友好，实际上秦王是想要挟赵王。

赵王不想赴约，可又怕得罪秦王，思虑再三，决定带上蔺相如一起赴约。

宴会上，秦王假装喝醉了，戏弄赵王，说道："我听说赵王擅长弹瑟，今日盛会，就请赵王弹一曲来助助兴吧。"赵王虽然不愿意，但还是勉强演奏了一曲，秦国的史官立刻将此事记载下来，想借此羞辱赵国。

蔺相如上前对秦王说："赵王听说秦王很会击缶，今日盛会，也请大王击缶来助助兴吧。"秦王拒绝，蔺相如严厉地说道："如果大王不肯，在这五步之内，我将把颈血溅到大王身上。"

秦王没有办法，只能在缶上敲击了一下，蔺相如立刻让赵国的史官记录下来。

蔺相如凭着机智勇敢，捍卫了赵国的尊严。

zhōng

钟

谁说"钟"一定是用来看时间的呢

金文　　　小篆　　　楷书

汉字我知道

有一种"钟"不是闹钟、挂钟、时钟等和计时有关的钟，而是一种发出美妙声音的乐器。金文"钟"是一个形声字，左边的"金"用来表示字义，这里指的是古代铜制的乐器；右边的"童"用来表示字音。

"钟"的本义是指铜制的打击乐器，现在"钟"的常用字义有很多：表示计时器、报时器，如闹钟；还可以表示时间，如三点钟。

最早的钟，是古代的打击乐器，盛行于春秋战国至秦汉时期。那时候的钟多为青铜制作而成，又叫"编钟"。因为铜钟坚实且耐腐蚀，即使历经数千年，也能发出洪亮的声响。

钟在古代不仅是乐器，还是象征地位和身份的礼器，王公贵族在祭祀、朝聘、宴会中，都会使用钟来奏乐，以营造气氛。

掩耳盗钟

春秋时期，一个小偷跑到别人家里偷东西，他看到院子里吊着一口大钟，就想把这口大钟背回自己的家里。可是大钟太重了，小偷使出了全身力气，也无法挪动大钟。

于是，小偷决定把大钟敲碎，再一点点地搬回家。他用大锤使劲地砸大钟，大钟发出巨大的声响，把小偷吓了一跳，心想：这不是让别人知道我在这里偷钟吗？

小偷赶紧捂住了自己的耳朵，发现钟声变小了，于是兴奋地说道："我塞住自己的耳朵，不就听不见钟声了吗？"他用东西塞住耳朵，放心大胆地砸起了大钟。没想到刚砸了几下，闻声而来的人就将他抓住了。

这就是成语"掩耳盗钟"的故事。掩耳盗钟比喻自己欺骗自己。掩耳盗钟后来演变为掩耳盗铃。

zhú

竹

竹子里竟然藏有乐声

甲骨文

金文

小篆

楷书

汉字我知道

　　竹子原产于我国，我国也是世界上最早栽培、利用竹子的国家，人们将竹子用于各种用途。甲骨文"竹"，像竹叶纷披下垂的样子。金文"竹"看上去也像两片下垂的竹叶。小篆的"竹"仍保留竹叶的形态。

　　"竹"本义是竹子，也可以引申为箫、笛一类的竹制乐器。

趣味小知识

　　笛子是我国广为流传的吹奏乐器，用天然竹材制成。相传，距今4000多年前，黄河流域生长着大量竹子，人们开始选竹为材料制笛，《史记》就有黄帝用竹子制作笛子的记载。湖南长沙马王堆三号汉墓曾出土两支竹笛，是我国发现的最早的竹笛。

吴市吹箫

春秋时期，楚平王听信谗言，杀了太子建的老师伍奢和他的长子伍尚，又派人追杀逃亡的伍奢次子伍子胥。官兵在关口贴上伍子胥的画像，严查过往的路人。

一位叫东皋公的老人得知了伍子胥的遭遇后，决定帮助伍子胥出昭关。一天，东皋公找了一名和伍子胥相貌差不多的男子，让他穿上伍子胥的衣服出关。过关口时，这名男子故意装作慌慌张张的样子，士兵们立刻将他抓了起来，他们以为抓到了伍子胥，就放松了警惕，伍子胥趁机逃出了昭关。

伍子胥逃到吴国都城后，身无分文，便在街市上吹箫唱曲乞食，他悲哀地唱道："呜呜呜，天大的冤屈无处诉……到如今吹箫要饭泪纷纷……"

这就是成语"吴市吹箫"的由来。该成语比喻在街头行乞。

qìng

磬

一种石制的打击乐器

| 甲骨文 | 金文 | 小篆 | 楷书 |

汉字我知道

　　你见过石头做的乐器吗？在古代，"磬"就是一种用石头做成的悬挂在架子上用棒槌击打的乐器。我们一起看看古人最开始是如何写"磬"的。甲骨文"磬"看上去很像手拿着槌敲击磬的样子。"磬"的金文在甲骨文"磬"下面加了一个"石"，表示磬是用石头做成的。

　　"磬"的本义是一种石制的打击乐器，后来泛指佛教用的铜制钵形打击乐器。

在远古时期，人们以渔猎为生，劳动之后就会敲击着石头，装扮成野兽的样子跳舞娱乐，这种被敲击的石头渐渐地就变成了打击乐器磬。

后来，磬被用在帝王将相的宴请、朝廷礼仪、宗庙祭祀的乐队演奏中，成了一种象征身份和地位的礼器。到了唐宋时期，随着新乐器的兴起，磬只在祭祀仪式上演奏雅乐时用。

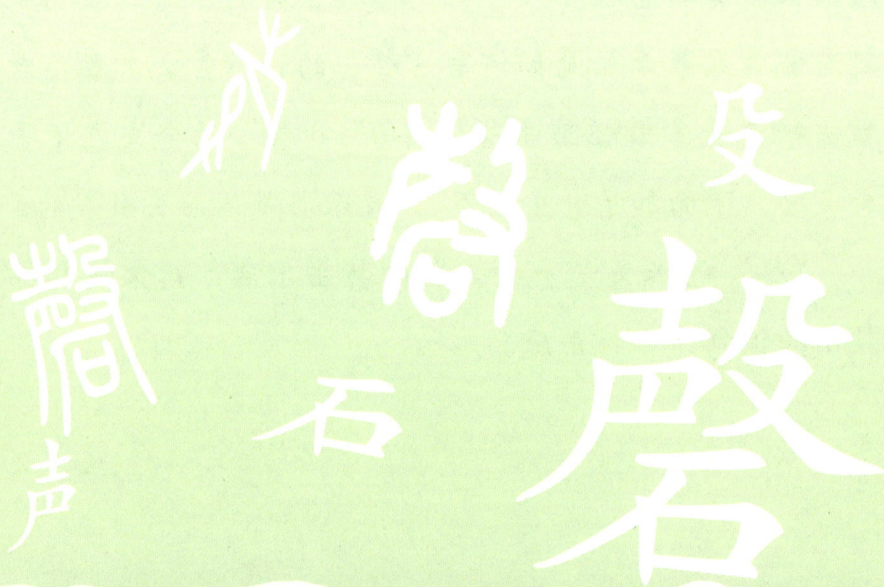

泗滨美石

战国时，泗水岸边盛产美石。孟尝君做薛公的时候，派使者去泗水购买美石。泗水人询问使者为什么要购买美石，使者说君主要举行祭祀典礼，需要用美石做石磬，演奏朝会上的雅乐。

泗水边的人很高兴，忙把美石给孟尝君送去。孟尝君热情招待了泗水边的人，却把美石随意放置。后来孟尝君在建造后宫宫殿的时候，缺少石料，就想把这些美石用上。泗水边的人知道了这件事，非常生气，责备孟尝君说："这些美石是天地圣物，是大禹治水时特别命令乐官取来献给祭天地的郊庙的宝贝，您却这样对待它，这是我们无法接受的。"说完便离开了。

孟尝君的宾客听说了这件事后也都离开了。秦国和楚国准备一起讨伐齐国。孟尝君非常害怕，赶紧派人向客人道歉。他亲自迎接从泗水来的人回来，并将泗水美石放入宗庙，用来做磬。听到这消息，秦国和楚国的军队才撤离。

刀枪剑戟

　　战争是国家大事，关系国家的兴
亡。为了赢得战争，古人制造了各种
各样的兵器。在造字的时候，古人注
注会根据兵器的样子"画"出汉字。
了解有关兵器的汉字的古时写法，你
就能看到当年兵器的模样呢！

dāo

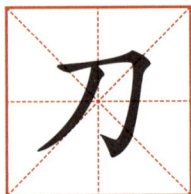

诞生于旧石器时代的兵器

甲骨文

金文

小篆

楷书

汉字我知道

　　你一定见过各种各样的刀具，比如菜刀、水果刀。甲骨文"刀"的字形很像一把刀，上面的部分是刀柄，下面的部分是刀刃。金文的"刀"和甲骨文的"刀"看上去很像，而小篆的"刀"的刀柄则变成了弯曲的形状。

　　"刀"的本义是用于切、割、砍、削的器具名，后来引申为兵器名，比如刀枪、大刀，也泛指所有像刀的东西，如冰刀、刀口。

趣味小知识

起初，刀并不是武器，而是生产工具。早在旧石器时代，就出现了一些刀形的打制石器，原始人用这种石头刀来切、割、砍食物等。

进入青铜时代，制造刀的材料就由石头变成金属，这标志着人类的兵器制造进入了金属时代。到了汉代，铁的冶炼技术得到了广泛应用，出现了铁制的刀。

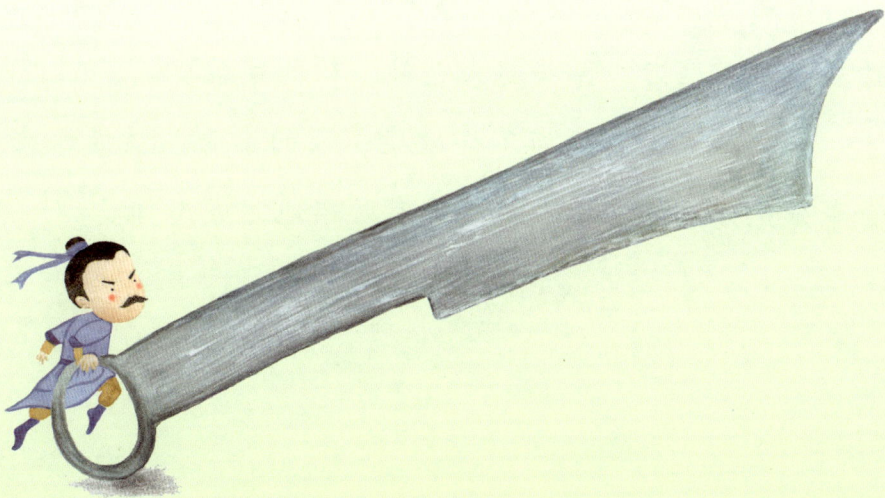

磨刀不误砍柴工

古时候，有两个樵夫分别叫阿德和阿财，他们经常一起上山砍柴。阿财每次出发前，都会认真磨刀，就连砍柴都带着磨刀石。

到了中午，阿财停下来磨刀，并让阿德也休息一会儿，顺便磨刀，可阿德拒绝了，阿德一刻都不愿意休息，因为他想多砍一些柴。

一天结束了，阿德只砍了六捆柴，阿财却砍了九捆柴。阿德忍不住问阿财为什么他能砍那么多柴。

阿财说："我常磨刀，刀锋锋利，砍的柴自然就多，你从来都不磨刀，斧头越来越钝，砍的柴就少。"

这就是成语"磨刀不误砍柴工"的由来。该成语比喻事先充分做好准备，就能更有效率地完成工作。

jiàn

剑

始于轩辕黄帝时代的短兵之祖

金文　　　小篆　　　楷书

汉字我知道

在我国古代，剑是权势、才能、侠气的象征，从帝王诸侯到文人书生，都十分喜欢佩戴长剑。金文"剑"的左半部分是一个"金"字，看上去像是一把带有装饰的短剑，表示字义，右半部分是它的声旁，表示字的读音。小篆"剑"左半部分变成声旁，右半部分由"金"字变成了"刃"。

"剑"的本义为古代兵器，这种兵器短柄，两面都有长刃，比如宝剑。

在我国，剑的历史十分悠久，始于轩辕黄帝时代，所以，它被称为"短兵之祖"。从黄帝到东周这段时期，大多用铜来铸剑。

1965年，湖北省荆州市出土了一把宝剑，宝剑上刻有八个大字——"越王鸠（勾）浅（践）自乍（作）用剑"，说明这是越王勾践使用的青铜宝剑。这把宝剑虽然已经有两千多年历史了，但依然锋利无比。现在这把宝剑珍藏在湖北省博物馆。

刻舟求剑

战国时，楚国有一个人坐船渡江。船行驶到江心时，楚人的宝剑掉进了江中，船上的人都替他感到惋惜，让他赶紧把宝剑捞起来。

可楚人不慌不忙地掏出一把小刀，在船舷上刻了一个记号，说道："刚才我的宝剑就是从这个地方掉下去的，所以，我在这里刻上一个记号。"

船靠岸后，楚人立刻从船上刻有记号的地方下水去捞他掉在江中的宝剑，可是找了半天，也没有找到。他觉得奇怪，纳闷地说道："我的宝剑就是从这里掉下去的，我还做了记号，怎么就找不到呢？"

这就是成语"刻舟求剑"的故事。该成语多用来比喻死守教条、拘泥成法、固执不变通的人。

gē

戈

退隐成汉字部首的古兵器

甲骨文　　金文　　小篆　　楷书

汉字我知道

　　观察戒、伐、成、戎、武等与军事有关的字，你发现什么共同点了吗？它们都有个"戈"。甲骨文"戈"的字形像一种长柄横刃的兵器，金文和小篆的"戈"与甲骨文"戈"相比，变化很大，已经看不出古代兵器戈的模样了。

　　"戈"的本义为一种长柄横刃的兵器，比如金戈铁马；由兵器引申为战争，比如化干戈为玉帛、大动干戈。

趣味小知识

戈是我国古代的一种兵器，盛行于商朝至战国时期。

在商周时期，士兵在打仗时，都会使用戈和干（盾），所以，人们用"干戈"一词作为战争的别称或者兵器的统称。随着兵器的发展，戈慢慢被淘汰，一度成为古代仪仗饰物。

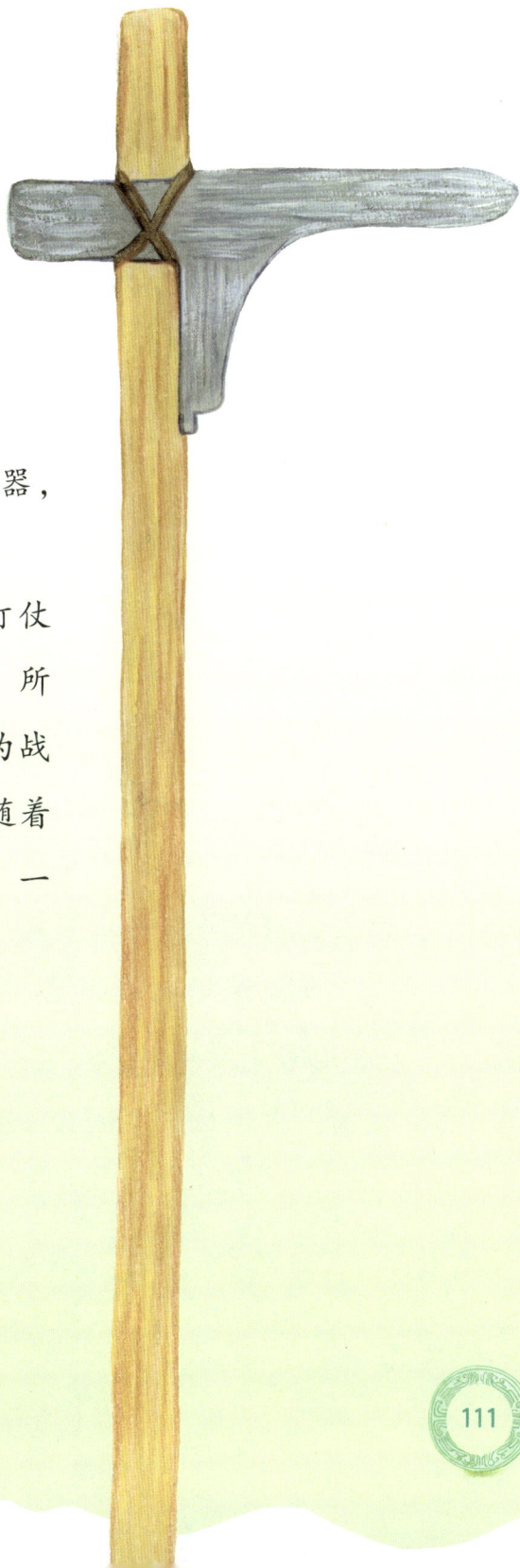

枕戈待旦

"枕戈待旦"原意是枕着武器等待天明，形容时刻准备作战。该成语背后有个故事。

晋朝的祖逖和刘琨是好朋友，他们不仅文章写得好，还喜欢习武，一心报效祖国，两人经常在一起谈论国事。

一天，祖逖和刘琨又一起聊到深夜。第二天，当雄鸡"喔喔喔"地叫了起来，祖逖一跃而起，并叫醒了身边的刘琨，说："你听，雄鸡都叫了，我们起来练剑吧！"从那以后，他们每天早晨听到第一声鸡鸣，就会立刻抖擞精神，起床练剑。

刘琨深受祖逖的影响，他在给家人的信中写道："在国家危难时刻，我常'枕戈待旦'，习武健身，立志报国，常担心落在祖逖后边。"

gōng

威力大、射程远的远射兵器

| 甲骨文 | 金文 | 小篆 | 楷书 |

汉字我知道

　　"后羿射日"是我国古代神话传说，在该传说中，后羿就是用弓箭射下了天上的九个太阳。甲骨文"弓"很像一个张着弦的弓的形状，金文"弓"看上去就像没有上弦的弓。

　　"弓"的本义是弓箭，因弓的形状而引申为像弓的用具，又因为弓是曲形的而引申为弯曲，比如弓着腰。

113

在没有枪支弹药、远程导弹的古代，弓是当时重要的兵器之一，人们用弓弦搭箭发射，就可以远距离地击中目标，威力很大。大约在三万年前，人们就开始使用弓箭了。那时的弓箭制作得非常简单，制作材料往往是树干或者竹竿。

杯弓蛇影

晋朝有一个叫乐广的人，有一天在家宴请宾客，其中一位朋友在饮酒的时候，发现杯中有一条游动的"小蛇"，但碍于情面，朋友硬着头皮把酒喝了下去。

这位朋友回到家之后，大病不起。乐广去看望他，想知道他为什么会突然病得这么厉害。乐广再三追问下，这位朋友说出了实情。乐广得知朋友生病的原因后，仔细回想宴请宾客那天的情况，他突然想起家中的墙上挂着一张弯弓，猜测朋友看到的蛇应该是倒映在酒杯中的弓影。

于是，乐广把朋友再次请到家中，朋友刚要喝酒，又看到杯子中的"蛇"，这位朋友吓得目瞪口呆。这时乐广将挂在墙上的弓取了下来，杯中的"蛇"不见了，这位朋友恍然大悟，重病也顿时痊愈了。

成语"杯弓蛇影"就是由这则寓言故事演化而来的。该成语比喻因疑神疑鬼而引起恐惧。

shǐ

从狩猎工具到作战兵器

甲骨文　　　　金文　　　　小篆　　　　楷书

汉字我知道

古人把箭称为"矢"，矢是各种弓弩（nǔ）的好搭档，在使用弓时，都搭配使用矢。甲骨文"矢"和金文"矢"，从字形上看差不多，都像箭头的样子。小篆"矢"的字形发生了一些变化，已经看不出箭头的模样了。

"矢"的本义是箭，由于箭身是笔直的，因此引申为端正、笔直。需要注意的是，矢志不渝、矢口否认中的"矢"是发誓的意思。

　　弓箭最初并不是用于战争，而是用于狩猎。随着社会的发展，弓箭慢慢地从狩猎工具演变成了一种作战兵器。在一定历史时期，弓箭对于战争的胜负起着至关重要的作用。

　　后来，人们发明了枪炮弹药，弓箭的使用就越来越少了。现在弓箭主要用于竞技比赛等场合，射箭就是奥运会比赛项目之一。

矢在弦上，不得不发

东汉文学家陈琳原来在袁绍的手下当差，做书记官，他的文章写得特别好。当时袁绍的势力很大，想当皇帝，于是，他就号召天下的州郡和他一起攻打曹操。

陈琳为袁绍写了一篇檄文——《为袁绍檄豫州》，文中不仅列举了曹操的很多罪状，还将曹操的先祖们都骂了一遍。

后来，曹操打败了袁绍，陈琳被曹操抓了。曹操看到他就一肚子火，提到他写的那篇檄文《为袁绍檄豫州》。陈琳说："我那时候也是迫不得已，就好像一支已经被搭在弓弦上的箭，不得不发射出去一样。"曹操很爱惜陈琳的才华，也就没有追究此事了。

成语"矢在弦上，不得不发"，比喻形势所迫，不得不采取行动。

máo

矛

常用的军事武器，武将张飞的最爱

金文　　　小篆　　　楷书

汉字我知道

　　矛是古代非常重要的兵器。《诗经·秦风·无衣》说："王于兴师，修我戈矛，与子同仇。"意思是，天子发兵打仗，修好我们的戈矛，共同对敌。金文"矛"最上面是一个锋利的矛头，下面是矛的柄，两侧有耳，并且有耳孔。小篆"矛"虽然比金文"矛"更复杂了，但还能看出它很像一件兵器。

　　矛的本义是一种直刺的兵器，比如长矛。矛的尖端称为"矛头"，现在常用矛头来比喻批评、攻击的方向。

　　说起矛这种武器的由来，要追溯到原始社会。那时人类已经学会使用尖锐的物品去射杀动物，常用的物品有尖锐的石头、野兽的角等。

　　后来，人们在这些尖锐的物品上面加上了木制的把手，就变成了矛，使用起来更方便了。

　　在古代，矛是常用的军事武器。《三国演义》中的张飞使用的武器就是一种矛，名叫丈八蛇矛。

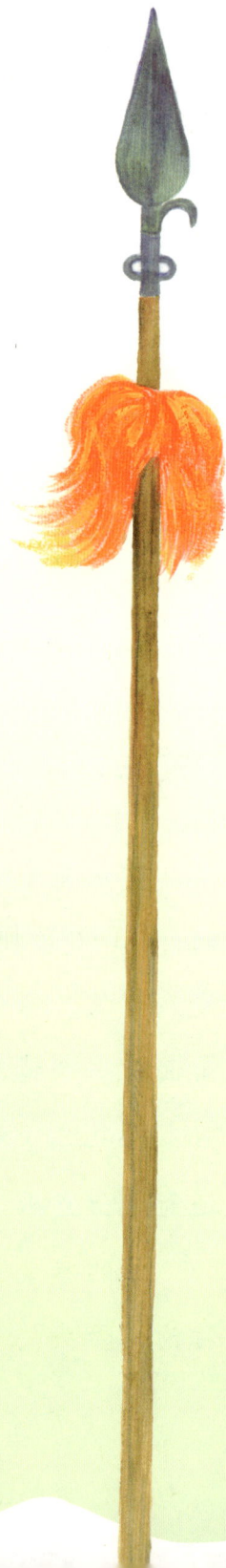

操矛入室

东汉时有一位儒学家叫郑玄，他自小就十分好学，踏踏实实，从不爱慕虚荣。

后来，郑玄拜著名的儒家学者马融为师，深受马融喜爱。马融夸郑玄是能够真正承传他的学问的人。郑玄曾根据学者何休的《公羊墨守》《左氏膏肓》《穀梁废疾》分别写《发墨守》《箴膏肓》《起废疾》来发表自己的意见，直击要害。何休看后感叹地说道："郑玄进了我的屋子，操起我的矛来讨伐我。"

这就是成语"操矛入室"的由来。该成语比喻就对方的论点找出其纰漏，又以对方的论点反驳对方。

dùn

盾

防护的兵器，是矛的好搭档

| 甲骨文 | 金文 | 小篆 | 楷书 |

汉字我知道

　　《山海经》中有关于"刑天"这个人物的神话，描写他一手执斧，一手拿盾，挥舞不停地作战。甲骨文"盾"看上去像一个方形的盾牌，中间有一个手柄。小篆"盾"将盾牌进行了简化，在盾牌下加了一个"目"字，表示盾能够保护身体，遮掩住眼睛。

　　"盾"的本义是盾牌，是古代的一种用于防护的兵器，进而引申为盾形物品，比如金盾。现在"盾"也指支持和援助的力量，比如坚强的后盾。

　　早在黄帝时期就出现了盾牌，不过那时候不称为"盾"，而是叫作"干"。商周时期，盾牌就已经在军队中使用了，那时候的盾牌主要是由木头或者皮革制成的。

　　到了春秋战国时期，盾牌的制造材料没有发生变化，不过会在木制或者皮制的盾牌上面涂上漆，一来可以防止腐烂，二来可以防止虫蛀。现在警用的防暴盾牌就是从古代盾牌演变而来的。

自相矛盾

"自相矛盾"是一个由寓言故事演化而来的成语，比喻自己的言行相互抵触。

古代有一个人，他拿着矛和盾到市场上去卖，很多人都围过来看。他高高举起盾，大声说道："我的盾是世界上最坚固的，无论多么锋利的东西都无法将它刺穿。"

接着，他又拿起一支矛，夸耀道："我的矛是世界上最尖利的，无论多么坚固的东西都挡不住它，只要我的矛轻轻一刺，马上就会刺穿。"

这时，一个看客走上前问他："如果用你的矛去刺你的盾，会怎么样呢？"围观的人哈哈大笑起来。卖兵器的人拿着他的兵器灰溜溜地走了。

jiǎ

甲

古代武士身上穿的护身服

田	田	申	甲
甲骨文	金文	小篆	楷书

汉字我知道

"黄沙百战穿金甲，不破楼兰终不还。"（王昌龄《从军行》）这句诗描写了古代将士在黄沙漫漫的环境下作战，连身上穿的铠甲都被磨穿，但将士报国的志向坚定，并没被消磨。甲骨文"甲"看上去就像古代武士身上穿的铁甲片之间的"十"字缝。

"甲"的本义是首甲、铠甲。由铠甲引申为武器，如穿铠甲的士兵，以及引申为动物身上起保护作用的硬壳，比如龟甲。由"首甲"引申为第一，比如，桂林山水甲天下。

125

早在原始社会时期，古人就已经用木、藤、皮革等材料来制作简陋的防护装具了。

到了商周时期，人们按照防护位置的不同，把皮革裁成各种形状的皮革片，把两层或者多层的皮革片结合在一起，并在表面涂上漆，然后用绳子把这些皮革片串起来就形成了甲。

战国后期，随着冶炼技术的进步，防护装具也发生了很大改变——铁甲诞生了，防御功能更强了。

坚甲利兵

战国时，梁惠王（即魏惠王）因国家四面受敌、国势日衰而苦恼，他问孟子："魏国曾经很强大，可是到我执政时，在东边被齐国打败了，连我的儿子也阵亡了；在西边又败给秦国，丧失了七百里河西之地；在南边，又被楚国抢去了八个城池。这实在是奇耻大辱啊！我希望自己能替我国所有阵亡的将士报仇雪恨，您说有什么办法呢？"

孟子郑重地说："一个只有一百里的小国都可以施行仁政而使天下归服，何况魏国这么一个大国呢？您如果能施行仁政，减免刑罚，减轻赋税，使百姓有吃有穿，同时在农闲时对老百姓进行孝顺父母、敬爱兄长、为人尽心竭力、待人忠诚守信的教育。那就算是让老百姓制造木棒也可以抗击拥有坚甲利兵的秦楚军队了。"

这就是成语"坚甲利兵"的由来。人们用这个成语来形容精锐的军队。

hán

用木头做的盒子

甲骨文

金文

小篆

楷书

汉字我知道

　　古人造字时，非常善于描摹物体的形象。甲骨文的"函"，从外形上看像一个匣子或者袋子，里面有一支箭，将这两部分合起来就表示盛箭的器具。小篆"函"已经看不出盛箭器具的模样了。

　　函的本义是一种盛箭器具，引申为匣子、袋子，比如书函。由于古代寄信用木函，后来才用纸套、信封，因此"函"引申为信封、信件。

　　古代的信函长什么样呢？有一首汉乐府民歌描述了信函的样子，即刻作鱼形的两块木板。那时还没有发明纸，将写有文字的木牍、竹简、尺素夹在两块木板间，这两块木板就是古老的信封了。

一丸泥封函谷关

函谷关是我国古代关卡，地势险要，用古人的话来形容就是"一丸泥封函谷关"，即用很少兵力就能把函谷关封闭，形容地势险要，只要少量兵力就可以把守。关于这个典故的来源有一个历史故事。

隗嚣（wěi xiāo）是新朝末年地方割据军阀，与来歙（xī）、马援是好朋友，汉光武帝多次派来歙、马援劝隗嚣入朝为官，都被隗嚣以天下还没有平定、自己没有功劳为由拒绝了。

隗嚣的将领王元、王捷认为天下成败还说不准，劝隗嚣如果不想归顺汉光武帝，就要留一手。王元主动要求用少数兵力去扼守函谷关，招兵买马，养精蓄锐。一旦汉光武帝不能平定天下，天下大乱，隗嚣占据险要地势，也能称霸一方。

戎

与战争相关的事情皆为"戎"

| 甲骨文 | 金文 | 小篆 | 楷书 |

汉字我知道

人们把用战争解决问题称为"兵戎相见"。那何为"戎"呢？甲骨文"戎"中间靠左边的位置是"十"，表示铠甲，右边是一个"戈"，代表的是兵器，将两者合在一起就表示兵器总称。

"戎"的本义是兵器，现在字义发生了演变，可以表示士兵、军队，如戎装，还有征伐、战争的意思，如起戎。

在古代，国家有两件大事：祀与戎。"祀"指公祭仪式，"戎"指军事行动。古代的阅兵仪式可以看作是"祀"，也可以看作是"戎"。

"孟津观兵"是历史上规模较大的阅兵仪式。周武王为了了解自己的号召力和军队的情况，就在孟津举行了阅兵仪式。这次阅兵共聚集了八百诸侯，为灭商奠定了基础。通过阅兵，周武王增强了伐纣的信心。

投笔从戎

班超是东汉著名文学家班固的弟弟，班固去洛阳为官的时候，班超和母亲也跟随哥哥到了洛阳。当时他们家里十分贫穷，班超靠给别人抄写文字赚钱贴补家用。

有一天，班超正在抄写文字，突然丢下笔说道："大丈夫应当效仿傅介子和张骞到西域建立功勋，以取得侯爵的封号，怎么能够长久地在笔砚间做事呢?"

后来，班超当上一名将军，他带人出使西域，牵制了匈奴，为维护汉朝的和平作出了贡献。

这就是成语"投笔从戎"的典故。投笔从戎的意思是放弃文字工作参军入伍。

家居用品

　　没有床，古人睡在哪里？古人为什么要席地而坐？为什么古人洗澡要用"盘子"？这些在今天看来匪夷所思的问题，从古老的汉字中都能找到答案。

zhǒu

清除尘土、垃圾的好帮手

甲骨文　　　　金文　　　　小篆　　　　楷书

汉字我知道

　　如果家里的地板脏了，你会拿什么扫地？大多会拿扫帚吧。因为扫帚可是专业的扫除灰尘、垃圾的工具。甲骨文和金文的"帚"，从字形上来看，都像是一把扫帚的样子。小篆"帚"发生了很大的变化，上面的帚末变成了"手"，下面帚把的形状变成了"巾"。"帚"的本义是扫帚。

传说有一个叫少康的人，有一次他无意中发现一只受伤的野鸡拖着身子在艰难地向前爬，而野鸡爬过的地方比其他地方干净。

少康从中受到启发，就用鸡毛制作了人类历史上第一把扫帚，这就是鸡毛掸子的由来。可鸡毛太软了，且不耐磨，少康就将原材料改成了竹条和草，制成我们现在常用的扫帚。

敝帚自珍

刘秀建立东汉时，公孙述在成都称帝，不肯归顺刘秀，刘秀便派吴汉和岑彭两位大将率军讨伐公孙述。公孙述不愿意束手就擒，他派人刺杀了岑彭，与汉军大战时，又差点让吴汉命丧锦江。

这场战役持续了两年多，最终公孙述战死在战场上。获胜的吴汉非常痛恨公孙述的家人，便将他们全部处死，并纵容士兵对成都城内的老百姓烧杀掠夺。

刘秀听说后，非常生气，马上派人制止，并在诏书中写道：成都已经投降了，全城的百姓就是大汉的百姓，怎么能去伤害他们呢？就算是自己家里的一把破扫帚，也应该当作价值千金的宝贝来爱护它，更何况是大汉的百姓呢。

这就是成语"敝帚自珍"的由来。敝帚自珍的意思是将自家破旧的扫帚看作宝物来珍惜，比喻自己的东西虽然并不好或不贵重，但自己仍很爱惜。

pán

盘

古人用盘子洗澡是真的吗

| 金文 | 小篆 | 楷书 |

汉字我知道

每天，在我们的饭桌上都会用什么盛放食物呢？会用盘子。不过古时的盘子与现在饭桌上的盘子是不一样的，古时盘子主要用来洗澡（洗手洗脚）、洗脸等。金文"盘"上面是"般"，用来表示字的读音，下面表示的是一种敞口的又扁又浅的盛放东西的器物。

"盘"的本义是一种敞口、扁浅的盛器，称为盘子。后来"盘"引申为像盘子一样的东西，如石盘；也有盘绕的意思，如盘旋。

古人早就意识到，用流动的水洗手、洗脸要比用静水洗卫生得多，所以古人就研究出了一套用流动水洗手的器具和方法。一人在上面拿着容器倒净水，另一人接着倒出来的水流洗手，然后下面有一个盘子或者水盆接着洗过手的脏水。在上面盛净水的是一种专门的容器，叫作"匜（yí）"；在下面接脏水的容器，叫作"盘"。

如意算盘

清朝李宝嘉的小说《官场现形记》中有这样一个故事：

申守尧家里穷得已经无米下锅了，可他还死要面子。一天，他在外正与朋友聊天，家中的女仆突然闯了进来，让他赶紧把衣裳脱了，她好拿去当了，因为家里已经无米下锅了。

申守尧非常生气，把她撵回家。等申守尧回到家，女仆还在哭闹，他便决定辞退女仆。女仆自然是不肯答应，她要申守尧把欠她的十三个半月的工钱结清。

申守尧一听要这么多钱，立马急了，说自己就欠三个月工钱，女仆在讹人。女仆一听就气不打一处来，立即和申守尧嚷嚷起来："好便宜！你倒会打如意算盘！你敢少给我，我就与你到县衙打官司去！"

这就是成语"如意算盘"的由来。如意算盘比喻仅从有利于自己的方面去打算。

pén

盆

比盘还要大的盛水器皿

金文	小篆	楷书
盆	盆	盆

汉字我知道

盆是一种比盘深的器物。金文"盆"的上半部分是"分"，用来表示字的读音，下半部分是"皿"，用来表示字义。

"盆"的本义是较大的盛水器皿，在古代盆还是一种炊具。现在"盆"主要泛指盛东西或者洗涤用的器皿，比如铜盆、脸盆等；也可以用来表示形状像盆的东西，如盆地。

古代的盆和盘都是盛水的器皿，两者有什么不同呢？

古代的盆既可以盛水，也可以盛放东西，多为圆形，口大底小，比盘要深。现在我们依然在使用盆，比如脸盆、花盆等。

盘也是一种盛水的器皿，主要用在祭祀、设宴的场合，还在饭前饭后用来行沃盥（guàn）之礼（即浇水洗手）。

鼓盆之戚

庄子的妻子去世了，惠子去庄子家吊唁，看到庄子正岔开两腿，坐在地上，敲打着瓦盆在唱歌。惠子质问庄子：“你和妻子在一起生活这么多年，她为你生儿育女，现在她死去了，你不哭就已经够无情无义的了，居然还鼓盆而歌，你不觉得自己很过分吗？”

庄子回答说：“不是这样的。妻子刚刚去世的时候，我很伤心，但是人的生与死就像春夏秋冬一样循环往复，不可逆转。人死后安息在天地之间，我却还要呼天抢地地哭，我觉得这是不理解自然规律，所以我就不再哭泣了。”

这就是成语“鼓盆之戚”的由来。这个成语表示丧妻的悲痛。

xí

席

古人为什么要席地而坐

席   席   席

金文   小篆   楷书

汉字我知道

　　古人席地而坐，席子是日常生活的必需品。金文"席"上面是个"厂"，指人可居住的山崖；"厂"字下面是一个"巾"，指麻布。将这两部分合在一起就是供人坐卧的铺垫用具。

　　"席"的本义是席子，是一种用来让人坐或者躺的用具。后来，"席"就引申为席位、座位，如出席、入席；又可引申为职位、职务，比如国家主席、工会主席。

席子是常用的生活用具。在唐宋之前，是没有桌椅这类家具的，只有矮小的几案。平时家里来了客人，吃饭时，就先铺好席子，然后在席子上面放几案，人们就坐在席子上吃饭、聊天。

黄香温席

汉朝时，有个少年叫黄香，他九岁时就已经懂得侍奉长辈的道理。

每当炎炎夏日到来的时候，黄香担心父母睡不好，就给父母搭蚊帐、扇扇子，努力把蚊子赶走、让枕头和席子凉快；到了寒冷的冬天，他担心父母睡不暖和，就先钻到被窝里，把被窝捂暖和了，再让父母睡下。黄香孝敬父母的举动使得邻里都夸他："黄香这么孝敬父母，以后肯定也会爱护百姓。"后来，黄香做了地方官，果然体恤民情，深受百姓爱戴，他孝敬父母的故事，也千古流传。

chuáng

除了睡觉，古人还会用"床"做什么

甲骨文

小篆

楷书

汉字我知道

我们在外学习、工作了一天后，最想舒舒服服地躺在床上休息。我们一起看看古人是怎么造"床"字的。甲骨文"床"的外面是房屋，里面放了一个可供人坐卧的用具。小篆"床"去掉了房屋，右边多了一个"木"，表示坐卧的用具是木制品。

"床"的本义是供人坐卧的用具，由供人坐卧的器具引申为形状像床一样的东西，比如河床、牙床等；还可以用作量词，比如一床被子。

趣味小知识

现在我们睡觉要躺在床上，但古人不是一开始就睡在床上的，最早的时候他们睡在席子上，这种席子可以是草席、竹席，还可以是皮席。

到了西汉的时候，出现了榻。榻是一种低矮、狭长的床，最初并不是用来睡觉的，而是用来坐的，可以独坐、两人坐或多人坐，身份高的人才能独自坐在一个榻上，身份低的人要几个人坐在一个榻上。

东床快婿

东晋时期，太尉郗（xī）鉴和丞相王导是好朋友。郗鉴有一个才貌双全的女儿，到了出嫁的年龄，他就想和王导攀亲。王导十分乐意，并承诺王家的男孩，可以让郗鉴随便挑选。

于是，郗鉴就让管家带着厚礼去王丞相府上挑选女婿。王家公子们都一表人才，但听到管家的来意后，都表现得很矜持。

郗府的管家发现东边床上有一个年轻男子很与众不同，他毫不在意，还敞开衣襟吃东西，好像没听到郗府选婿的消息似的。管家回到郗府后，将王家公子们的情况如实告诉了郗鉴。郗鉴当即决定就将女儿嫁给那个在东边床上吃东西的年轻人，这个年轻人就是后来成为大书法家的王羲之。

这就是成语"东床快婿"的由来。东床快婿指为人豁达，才能出众的女婿。